Conrad K. Butler

LOS CAMIONES DE BASURA DEL MUNDO

Camiones de Basura Argentinos

¿SABES QUE?

EN TODO EL MUNDO, MÁS DE UN MILLÓN DE BOTELLAS DE PLÁSTICO SE VENDEN CADA MINUTO, O 20.000 CADA SEGUNDO!

Camión de Basura Australiano

¿SABES QUE?

PLÁSTICO QUE ACABA EN
LOS OCÉANOS MATAN A MÁS DE
UN MILLÓN DE AVES MARINAS
Y CIEN MIL MAMÍFEROS MARINOS
TODOS LOS AÑOS.

Bay
Bay 8
Bay 9
GREENER
GREATER
GEELONG
GEELONG
5272 5272
DENNIS
DUAL CONTROL
CLEANAWAY
SL01285
XV·44JS

Camión de Basura Austriaco

¿SABES QUE?

¡MUCHOS DE LOS PESCADOS QUE COMEMOS CONTIENEN MICROPLÁSTICOS NO DIGERIDOS!

Camiones de Basura Belgas

¿SABES QUE?

UNA BOLSA DE PLÁSTICO TARDA DE 100 A LOO AÑOS EN DESCOMPONERSE. CADA AÑO, ENTRE 500 MIL MILLONES Y SE INTRODUCE UN BILLÓN DE BOLSAS DE PLÁSTICO EN EL MERCADO MUNDIAL.

Camión de Basura Brasileño

¿SABES QUE?

LAS LATAS DE ALUMINIO SE PUEDEN RECICLAR UN NÚMERO INFINITO DE VECES. PROCESAR UNA TONELADA DE ALUMINIO AHORRA 4 TONELADAS DE MINERAL Y 700 KILOGRAMOS DE CRUDO.

Camión de Basura Canadiense

¿SABES QUE?

LAS LATAS DE ALUMINIO SE PUEDEN RECICLAR UN NÚMERO INFINITO DE VECES. PROCESAR UNA TONELADA DE ALUMINIO AHORRA L TONELADAS DE MINERAL Y 700 KILOGRAMOS DE CRUDO.

Camiones de Basura Chinos

¿SABES QUE?

CASI TODO EL COCHE.
(80 – 95%) DESTINADO AL
DESGUACE ES RECICLABLE.

Camiones de Basura Egipcios

¿SABES QUE?

UNA BATERÍA DE UN RELOJ ELECTRÓNICO PUEDE VENENO HASTA 100 LITROS ¡DE AGUA!

Camiones de Basura Franceses

¿SABES QUE?

SE NECESITAN UNOS 17 ÁRBOLES PARA PRODUCIR 1 TONELADA DE PAPEL. ESTOS ÁRBOLES PRODUCEN SUFICIENTE OXÍGENO PARA 170 PERSONAS AL AÑO.

Camiones de Basura Alemanes

¿SABES QUE?

UN CARTÓN DE LECHE TIENE SUFICIENTE ENERGÍA PARA ALIMENTAR UNA BOMBILLA DE 40 VATIOS DURANTE 1,5 HORAS.

Camiones de Basura Griegos

¿SABES QUE?

UN GRIFO QUE GOTEA Y GOTEA LIGERAMENTE GENERA ALREDEDOR DE 36 LITROS DE AGUA A FILTRAR POR DÍA. UNA DESCARGA DE INODORO CON FUGAS PROVOCA ALREDEDOR DE 720 LITROS DE AGUA PARA FILTRAR POR DÍA.

Camiones de Basura Indios

¿SABES QUE?

SE ESTIMA QUE 35 BOTELLAS DE PLÁSTICO SON SUFICIENTES PARA PRODUCIR UNA CHAQUETA POLAR. LA FIBRA DE POLIÉSTER OBTENIDA DE LAS BOTELLAS ES UN MATERIAL EXCELENTE PARA LA PRODUCCIÓN DE, P. MOCHILAS, TIENDAS DE CAMPAÑA O ZAPATOS.

Camiones de Basura Iraníes

¿SABES QUE?

CADA 100 KG DE PAPEL ES EL TAMAÑO MEDIO DE DOS ÁRBOLES, PERO ES IMPORTANTE SABER QUE UN ÁRBOL PRODUCE SUFICIENTE OXÍGENO PARA 10 PERSONAS AL AÑO.

Camiones de Basura Japoneses

¿SABES
QUE?
LOS CAMIONES ALINEADOS QUE LLEVAN 2.120 MILLONES DE TONELADAS DE DESECHOS AL VERTEDERO CADA AÑO DARÍAN LA VUELTA AL MUNDO ¡24 VECES!

東京23区清掃事業

Camiones de Basura Mexicanos

¿SABES QUE?

¡UN LITRO DE ACEITE DE MOTOR USADO PUEDE CONTAMINAR UN MILLÓN DE LITROS DE AGUA!

Camiones de Basura Marroquíes

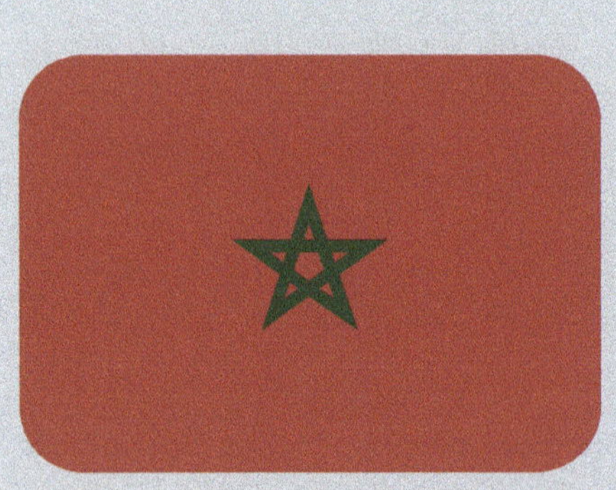

¿SABES QUE?

HAY UNOS 19.000 RESIDUOS DE HASTA 10 CM DE TAMAÑO Y MILLONES DE LOS MÁS PEQUEÑOS QUE CIRCULAN POR LA TIERRA.

Camiones de Basura Nigerianos

¿SABES QUE?

SE PUEDEN USAR 600 LATAS DE
ALUMINIO PARA HACER UNA
BICICLETA Y SE PUEDEN
UTILIZAR 3 LATAS DE ALUMINIO
PARA HACER MONTURAS
DE GAFAS.

Wastepoint Zero Waste

Camiones de Basura Polacos

¿SABES QUE?

LOS DESECHOS COMO BOTELLAS, LONCHERAS, BOLSAS DE PLÁSTICO Y BOLSAS DE LA COMPRA CONSTITUYEN ALREDEDOR DEL 7% DE EL PESO DE TODA LA BASURA, PERO OCUPAN MUCHO ESPACIO, ¡CASI EL 30% DE TODOS LOS DESECHOS!

Camiones de Basura Rusos

¿SABES QUE?

LAS PLANTAS DE TRATAMIENTO NO SE ADAPTAN BIEN A SUSTANCIAS COMO LOS MEDICAMENTOS Y SU PRESENCIA EN EL AGUA HACE QUE LAS BACTERIAS Y LOS VIRUS SEAN RESISTENTES A ELLOS Y SE NECESITARÁN NUEVOS MEDICAMENTOS O DOSIS MÁS ALTAS PARA LA TERAPIA.

Camiones de Basura Sauditas

¿SABES QUE?

EL METANO LIBERADO DE LOS VERTEDEROS ES 27 VECES MÁS AGRESIVO QUE EL DIÓXIDO DE CARBONO.

Camiones de Basura Sudafricanos

¿SABES QUE?

ESTADÍSTICAMENTE, CADA UNO DE NOSOTROS TIRA ALREDEDOR DE 56 ENVASES DE VIDRIO TOTALMENTE RECICLABLES POR AÑO.

Camiones de Basura de Corea del Sur

LA CANTIDAD DE RESIDUOS ACUMULADOS SE HA TRIPLICADO EN LOS ÚLTIMOS 20 AÑOS. EL ÁREA OCUPADA POR ESTE DESPERDICIO SE HA DUPLICADO.

Camiones de Basura Españoles

¿SABES QUE?

EL TELÉFONO MÓVIL CONTIENE MATERIALES COMO COBRE Y ORO, ASÍ COMO METALES RAROS COMO IRIDIO, COBALTO Y OTROS. SE NECESITAN 1000 TONELADAS DE ROCA PARA OBTENER UNA TONELADA DE COBRE. LA MISMA TONELADA DE COBRE TAMBIÉN SE ENCUENTRA EN 11 TONELADAS DE DESECHOS ELECTRÓNICOS.

Camiones de Basura Tailandeses

¿SABES QUE?

¿SABÍAS QUE SI COLOCAS TODOS LOS TELEVISORES QUE REEMPLAZAMOS POR OTROS NUEVOS UNO ENCIMA DEL OTRO, PODRÍAS CONSTRUIR UNA COLUMNA CAS 50 VECES MAYOR QUE ¿EL MONTE EVEREST?

Camiones de Basura Turcos

¿SABES QUE?

LA PUERTA DE CRISTAL DE LA LAVADORA SE PUEDE CONVERTIR EN UN PRÁCTICO CUENCO RESISTENTE AL CALOR, Y LAS FIBRAS DE CARBONO RECUPERADAS Y PROCESADAS SE UTILIZARÁN PARA PRODUCIR VELAS O TIENDAS DE CAMPAÑA DURADERAS.

Camiones de Basura Británicos

¿SABES QUE?

LOS METALES, INCLUIDOS EL ORO, LA PLATA O EL COBRE, QUE SE RECUPERAN DE LOS TELÉFONOS MÓVILES USADOS SE PUEDEN UTILIZAR PARA FABRICAR TETERAS, EMPASTES DENTALES E INCLUSO INSTRUMENTOS MUSICALES.

Camiones de Basura Americanos

¿SABES QUE?

HAY ALREDEDOR DE 5 MIL MILLONES DE TELÉFONOS EN USO EN EL MUNDO.
LA PRODUCCIÓN DE TELÉFONOS MÓVILES CONSUME EL 13% DE LA PRODUCCIÓN MUNDIAL DE PLATINO, EL 11% DE LA PRODUCCIÓN MUNDIAL DE COBALTO Y EL 3% DE LA PRODUCCIÓN MUNDIAL DE PLATA.

Camiones de Basura Vietnamitas

¿SABES QUE?

EL SÍMBOLO DEL CUBO DE BASURA TACHADO, COLOCADO EN LAS CONEXIONES ELÉCTRICAS Y ELECTRÓNICAS, SIGNIFICA QUE LOS EQUIPOS USADOS NO DEBEN DESECHARSE JUNTOS CON OTROS RESIDUOS.

comprobar también:

y mucho más!